はじめてでもかんたん、おいしい！
ハッピーな気持ちを贈る
アイシングクッキー

著 Mio

Mio's Happy Icing Cookies

誠文堂新光社

はじめに

　幼い頃から甘いもの好き。作るのも、食べるのも大好きだった私が、アイシングクッキーを作るようになったのは、「子供が喜ぶような贈り物にするお菓子を作ってほしい」という依頼をファッション誌から受けたことからでした。それで、見た目がかわいくておいしいものをと考え、たどり着いたのが、アイシングクッキー!!　試作をしながら、クッキーにアイシングで絵を描き、食べてみると、クッキーのサクサク感にアイシングのカリカリ感がプラスされ、"おいしい"の相乗効果がすごい!
　気づいたら作ることにも、食べることにもハマっている自分がいました。とにかく楽しくて、おもしろい。夢中で作っていくうちに、デザインの可能性もどんどん広がり、身近な友人たちへのお礼やプレゼントにする機会も増えていきました。なんでもないような絵柄も、アイシングクッキーにするとかわいく見えるから不思議。季節のアイテムも、そんなことからアイシングクッキーにしていくようになりました。
　なぜだかアイシングクッキーは見た目はかわいいけれど、おいしくないといったことをよく聞きます。今回、本を作る機会をいただき、私が一番表現したかったのがソコです!　アイシングクッキーはおいしいんです。自分が何度も作ってきてコレだ!　と、たどり着いた基本のクッキーは、アイシングをのせるために生まれたようなレシピです。サクサクで軽くて、でもしっかり焼き目がついていて香ばしい。アイシングをのせてからのシャリシャリした甘みとも合うものです。見た目のかわいさだけではなく、食べておいしい本書のレシピでアイシングクッキーを作っていただき、かわいい、おいしいが一体化したものだということをみなさんに知っていただけたら嬉しいなぁと思うのです。
　そして簡単だということもお伝えしたい!　アイシングクッキーは難しそう。細かそう。材料の準備がたくさんありそう。と、普通のお菓子作りより大変なイメージがあるようですが、これもまったくもってイメージでしかない話。なんなら、今、すぐにでも作れます!　それくらい身近な材料で簡単にできるものなのです。テクニックもほぼなし。私がこの本で紹介しているアイテムや絵柄はひとつの提案ですから、同じように作らなくて全然いいんです。皆さんが思う絵柄やデザインをクッキーに描いてみてください。贈る人のことを考えながら作るのも楽しいし、お子さんや友人たちと一緒にワイワイ作るのもいい。好きに、自由に、画用紙に絵を描くような気持ちで、ありがとうやおめでとう、楽しかったね、といった気持ちを込めて。それだけでかわいくておいしいアイシングクッキーができあがるはずです。失敗も、またかわいく思える。それがアイシングクッキー作りの魅力です。
　自分や家族、友人たちとの思い出を込めた、世界にひとつだけのオリジナルクッキー、ぜひ作ってみてください。

2018年　お菓子作りがより楽しい季節、秋に
Mio

06 クッキーの作り方
08 アイシングとコルネの作り方
10 アイシングの基本テクニック
12 Girls DayのGirlを作ってみよう!

14 Spring
フラワーA(オレンジ)、フラワーB(白)
イモムシ、バタフライ、バラ

16 Girls Day
リボンA、リボンB
つけまつげ、マニキュア
リップスティック、Girl

20 Health Day
脳みそ、歯、目、矯正歯、おっぱい

22 Kids Day
ティラノサウルス、クルマ、積み木
ステゴサウルス、ショベルカー

24 June Bride
アダムとイブ、LOVE、ハト
指輪、ウェディングケーキ

26 Summer
ビキニヒップ、プール

28 Summer Vacation
パイナップル
アイスクリーム、サーフボード
トロピカルドリンク、スイカ
ビーチサンダル、貝、ヒトデ

32 Travel
自由の女神、トランク、エッフェル塔
フラガール、サボテン、飛行機、地球儀
パンダ、ツタンカーメン、ヤシの木

36 Autumn
ガイコツ夫婦

38 Halloween
かぼちゃ、くもの巣、コウモリ、ムーン
ドクロ、棺、おばけ、モンスター

42 Circus
テント、星、バルーン、ピエロ
ポップコーン、芸する象、団長

46 Art
絵画A、チケット
絵画B、絵画C、絵画D

48 Music
レコードジャケット、ピアノ
レコード盤、音符、ギター

50 Winter
雪の結晶

52 Chiristmas
靴下、サンタクロース、ジンジャーマン
くるみ割り人形、スノーマン
クリスマスツリー、キャンディケーン
プレゼント、トナカイ

56 お正月
福助、お年玉、羽子板
羽子板の羽、獅子舞
鏡餅、鳥居、達磨

60 おでん
おちょこと徳利
卵（ちくわぶ／はんぺん）
こんにゃく／昆布
袋煮／つくね、ちくわ

62 節分
豆、おかめ、鬼、柊鰯、升

64 Valentine's Day
ラブレター、板チョコ、リップ
ラブモンスター、カラーハート

66 Congratulations Thank You

68 Birthday
プレゼント、クラッカー、Kids、パーティー帽
吹き出し、ハッピーバースデーメガネ
キャンドル、いちご、数字

74 出産
卵とひよこ、ベビー服
メッセージ、木馬、哺乳瓶

76 お祝い
おめでとう、フラワーA（黄色）
フラワーB（紫）、葉、蜂

78 Thank You
謝謝、39、Merci、Woman、Man

80 39 Burger Set
バンズ、目玉焼き、ピクルス、トマト、ベーコン
パティ、レタス、チーズ、ポテト、チキン

84 アイシングクッキーの型紙

アイシングクッキーを作るときに

＊各アイテムで使うアイシングの色は、白のアイシングにさまざまな色のジェルを混ぜて作ります。単色のジェルを混ぜる場合は「水色」、単色をほんの少し混ぜる場合は「肌色（オレンジ少々）」、複数の色を組み合わせる場合は「黄緑（黄色＋緑各少々）」というように表記しています。濃淡はジェルの量で調整してください。

＊初めての方でも作りやすいよう色を指定していますが、どんな色でもOK！　複数のジェルを組み合わせるときは、絵の具の色を混ぜる感覚で作るとわかりやすいです。

＊アイシングをするときは、基本的に前に塗った部分が乾いてから次の部分を塗るようにしてください。本書では、その都度「乾かす」というプロセスは省いています。乾く前に次のアイシングをする手法もあり、その場合は「乾かないうちに」と表記しています。基本は「乾いてから次！」と覚えてください。

＊色に限らず、好みの形や表情、模様にできるのがアイシングクッキーのおもしろさです。自由に表現を楽しんでください。

クッキーの作り方

アイシングクッキーはかわいいのはもちろん、
おいしいってことも重要なポイント。
まずはおいしいクッキーの作り方を覚えましょう。
この本で使っているクッキーは、
材料も作り方もいたってシンプルなこのレシピのもののみ。
粉と卵のおいしさがしっかりと手をつないだ
素朴なMIO流クッキーの作り方です。

道具	材料（作りやすい分量）
ボウル	バター … 120g
スケール	粉糖 … 80g
泡立て器	バニラビーンズ … 1本
ナイフ	全卵（混ぜ合わせたもの）
ふるい	… 20g
ゴムベラ	アーモンドパウダー
ラップ	… 40g
めん棒	小麦粉 … 160g
型または型紙	
オーブンペーパー	
刷毛	

生地を作る

混ぜすぎると、クッキーが軽くなりすぎるので注意！

1. バターは室温に戻し、ボウルに入れて泡立て器で白っぽくなるまで混ぜる。続いて粉糖を加え、混ぜ合わせる。

2. バニラビーンズはさやを開き、ナイフで中身をこそげ取る。1に加えて混ぜ合わせる。

ざっと混ぜ合わせるくらいでOK

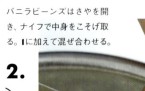

4. 全体と合わせるように

アーモンドパウダーをふるいにかけながら3に加える。ゴムベラに持ち替え、ボウルのまわりの粉をゴムベラでこそげながら、なめらかになるまでしっかり混ぜ合わせる。

3. 2に卵を加え、分離しない程度に混ぜ合わせる。

しっかり混ぜて割れを防ぐ

6. すべての材料がしっかり混ぜ合わさり、ねんどのように重たく、かたい質感になったらラップに包んで冷蔵庫で半日～1日ねかせる。

[生地の保存方法]
すぐに使用しない場合は、冷蔵庫で1週間。冷凍庫では1ヶ月保存可。どちらも密閉容器またはジッパー付き食用ポリ袋に入れて保存する。冷凍したものは、使う前日に冷蔵庫に移動しておく。

5. 小麦粉をふるいにかけながら4に加えてよく混ぜる。

成形して、焼く

1. ラップを敷き、生地をのせる。生地の上から同じ大きさのラップをのせ、生地をサンドする。

2. まず、めん棒で押して全体に広げてから、さらにのばしては時々裏返し、まんべんなくのばす。厚さは5～8mmが目安。

裏返すときはラップからはがし、生地だけ裏返す

3. 裏側の生地を表にし、型で抜く。

裏側を表にした方が平らなため

← or →

または型紙をおいてナイフで切り抜く。オーブンペーパーを敷いた天板の上にのせる。

卵液は全卵を使用。表面がカリッとしておいしくなる

4. 表面にハケで卵液を塗る。180℃に予熱しておいたオーブンで20～22分焼く。

焼き上がり

しっかり焼いた方が日持ちもいいし、おいしいよ

しっかり焼いてこんがりついた焼き目とナイフでラフにカットしたまわりのギザギザもMioのクッキーのポイント。

[クッキーの保存方法]
粗熱が取れたらジッパー付き食用ポリ袋にシリカゲルとともに入れ、保存する。焼いてから3週間保存可。

アイシングとコルネの作り方

アイシングのもとは粉糖と卵白。
この2つを混ぜ合わせてできるフワフワとろ〜りが、
MIOのアイシングのベース。ここにジェルで色をつけたり、
描きたい、塗りたい場所によって
水を足してゆるめながら、使い分けていきます。
ここではアイシングの基本を覚えましょう。

道具	材料（作りやすい分量）
ボウル	卵白 … 1個分
泡立て器	粉糖 … 200g
ゴムベラ	
ラップ	
小鉢または小ボウル	
楊枝	
スプーンまたは小さいヘラ	
オーブンペーパー	

白のアイシングの作り方

1. ボウルに卵白を入れ、泡立て器で混ぜる。

2. 少し泡立つくらいまで混ぜたら粉糖を加える。

3. 2をかために泡立て、ゴムベラに持ち替えて全体をひと混ぜして整える。乾燥しないようにラップをかけておく。

色づけする

[カラージェルとは？]
アイシングの色づけには、食用カラージェルを使用しています（主に「ウィルトン」や「CK」というメーカーのものを使っています）。黒、赤、青、黄色があれば、だいたいどんな色でも作れますが、紫、緑、茶色、ピンク、オレンジも加えた全9色を揃えておくとなにかと便利です。

必要な量の白のアイシングを小鉢または小ボウルに入れ、楊枝でカラージェルを好みの量、ちょんちょんとのせる。スプーンまたは小さいヘラで混ぜる。

かたさを調整する

アイシングのかたさをゆるめるときは、ティースプーンで少しずつ水を加えて調整する。ゆるくなりすぎたら、粉糖を加えて調整する。

●かため

水をまったく加えてない状態。しっかり角が立つくらいのかたさ。細いラインや仕上げのラインを描くときに。

●ふつう

かためにティースプーン1杯くらいの水を足して混ぜた状態。角の先が少したれ下がるくらい。アウトラインや太めのライン、ラフにラインを描くときに。

●ゆるめ

かためにティースプーン2杯くらいの水を足して混ぜた状態。細かな表面を塗るときやドットを絞るときに。

●ゆるゆる

かためにティースプーン3杯くらいの水を足して混ぜた状態。スプーンでたらしたときに筋が残らず、途切れない状態。広い表面を塗るときに。

＼アイシングの必須アイテム／

コルネの作り方

（右手の持つ位置が少しずつ上に上がっていく感じ。）

オーブンペーパーを適当な大きさに切り（目安は20×25cmくらい）、先になる部分を左手の親指でおさえ、右手の親指と人差し指を使って、ペーパーを内側に巻いていく。

コルネの使い方

（必ず垂直に切って）

コルネの中にスプーンでアイシングを落とし入れ、上を少し折って口を閉じる。描きたい線の太さに合わせ、ハサミで垂直に先を切る。

ひな祭りは、桃の花の咲く頃に行われることもあり、
「桃の節句」とも呼ばれ、長きにわたり親しまれてきたもの。
最近では、「女の子の日」とも言われ、女子会するのも流行中とか!?
そんな会にもぴったりなのがガールズデークッキー。
女の子の大好きなアイテムをクッキーにしてみました。

Girls Day

フラワーA
（オレンジ）

型紙→P84
黄色（ふつう）
オレンジ（ゆるめ）
水色（ふつう）

1

黄色でアウトラインを描く。

2

オレンジで花びらを塗る。

3

水色で中央にドットを数個絞り、黄色で雄しべを描く。

フラワーB
（白）

型紙→P84
薄い黄緑（黄色+緑各少々／ふつう）
白（ゆるめ）
黄色（ゆるめ）
スプリンクル（黄色）

1

薄い黄緑でアウトラインを描く。白で花びらの中を塗る。

2

中央に黄色で丸を絞り、乾かないうちにスプリンクルをつける。

イモムシ

型紙→P84
白（ふつう）
黄色（ゆるめ）
黄緑（黄色+緑各少々／ゆるめ）
水色（ふつう）
茶色（ふつう）

1

白でアウトラインを描く。黄色と黄緑を交互に塗る。

2

水色でふちどりし、黄色と黄緑の境目のラインを描く。

3

黄緑で目を絞る。茶色で瞳を入れ、触覚を描く。

バタフライ

型紙→P84
白（ふつう）
黄色（ふつう）

1

白でアウトラインを描き、羽に波模様を描く。

2

羽の空いているところに黄色で波模様を描き、胴体を塗る。

バラ

型紙→P84
赤（ふつう）
緑（ふつう）

1

赤でバラの花を描く。

2

空いているところに緑で葉と茎を描く。

リボンA
（ハート）

型紙→P84
白（ふつう）
白（ゆるめ）
赤（ジェル）
黒（かため）

1

白（ふつう）でアウトラインを描く。全体に白（ゆるめ）を塗る。

2

赤（ジェル）でハートを描く。

3

黒で全体をふちどり、真ん中の結び目も描く。

リボンB
（水玉）

型紙→P84
白（ふつう）
黄色（ゆるめ）
ピンク（ゆるめ）
黒（かため）

1

白でアウトラインを描く。内側に黄色を塗る。

2

ピンクでドットを全面に絞る。

3

黒で全体をふちどり、真ん中の結び目も描く。

つけまつげ

型紙→P84
白（ふつう）
白（ゆるゆる）
黒（かため）

1

白（ふつう）でアウトラインを描く。白（ゆるゆる）で内側を塗る。

2

黒でまつげを描く。

3

黒で全体をふちどる。

リップスティック

型紙→P84
白（ふつう）
ピンク（ゆるめ）
黒（ゆるめ）
ピンク（かため）
黒（かため）

1

白でアウトラインを描く。ピンク（ゆるめ）でリップを塗る。

2

黒（ゆるめ）でリップケースを塗る。

3

リップケースにピンク（かため）で文字を描き、黒（かため）で全体をふちどる。

マニキュア

型紙→P84
白（ふつう）
紫（ゆるめ）
黒（ゆるめ）
白（ゆるめ）
黒（かため）

1

白（ふつう）でアウトラインを描く。紫でボトムの部分を塗る。

2

黒（ゆるめ）でキャップを塗る。白（ゆるめ）でボトムの真ん中に大きめの丸を絞る。

3

黒（ふつう）で白丸の上に文字を描き、全体をふちどる。

Health Day

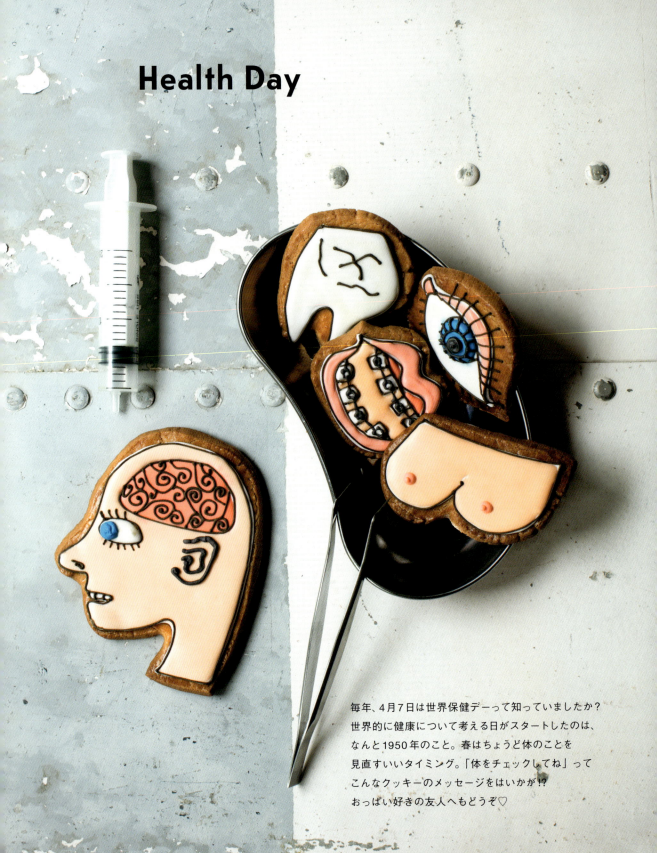

毎年、4月7日は世界保健デーって知っていましたか？
世界的に健康について考える日がスタートしたのは、
なんと1950年のこと。春はちょうど体のことを
見直すいいタイミング。「体をチェックしてね」って
こんなクッキーのメッセージをはいかが!?
おっぱい好きの友人へもどうぞ♡

脳みそ

型紙→P85
白（ふつう）
肌色（オレンジ少々／ゆるめ）
サーモンピンク（赤＋オレンジ各少々／ゆるめ）
黒（かため）
濃い水色（かため）

1

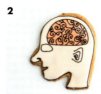

白でアウトラインを描く。顔の表面に肌色を塗る。脳の部分にサーモンピンクを塗る。

2

黒でアウトラインを描く。目のまわりと耳、脳の中、鼻の穴を描く。

3

白で目の中と歯を塗る。濃い水色で瞳を厚めに絞り、黒で歯とまつげを描く。

歯

型紙→P85
白（ふつう）
白（ゆるめ）
黒（かため）

1

白（ふつう）でアウトラインを描く。白（ゆるめ）で全体を塗る。

2

黒で全体をふちどり、歯のくぼみを描く。

目

型紙→P85
白（ふつう）
サーモンピンク（赤＋オレンジ各少々／ゆるめ）
白（ゆるめ）
黒（かため）
濃い水色（かため）

1

白（ふつう）でアウトラインを描く。サーモンピンクでまぶたを塗る。

2

白（ゆるめ）で白目を塗る。黒でふちどり、まつげを描く。

3

濃い水色で目玉を描く。黒で瞳を描く。

矯正歯

型紙→P85
白（ふつう）、白（ゆるめ）
サーモンピンク（赤＋オレンジ各少々／ゆるめ）
肌色（オレンジ少々／ゆるめ）
薄いオレンジ（ゆるめ）
黒（かため）

1

白（ふつう）でアウトラインを描く。白（ゆるめ）で歯を塗る。

2

サーモンピンクで唇を塗り、肌色で口の中を塗る。

3

薄いオレンジで歯ぐきを塗る。黒でふちどり、矯正部分を描く。

おっぱい

型紙→P85
白（ふつう）
肌色（オレンジ少々／ゆるめ）
サーモンピンク（赤＋オレンジ各少々／ふつう）
黒（かため）

1

白でアウトラインを描く。肌色で全体を塗る。

2

サーモンピンクで両乳房の真ん中にドットを2ヶ所絞る。

3

黒で全体をふちどる。サーモンピンクで**2**の上に小さなドットを絞り、乳首にする。

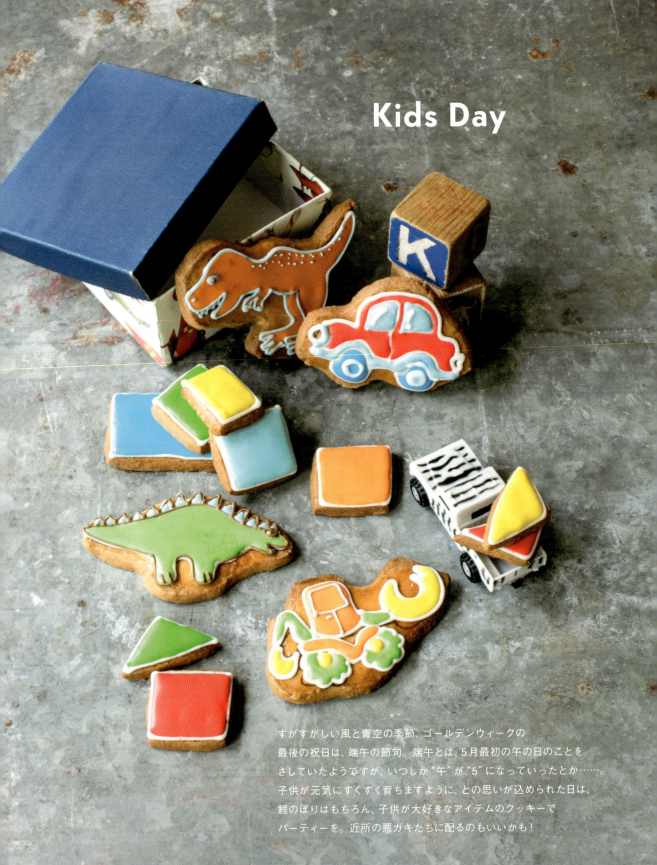

Kids Day

すがすがしい風と青空の季節、ゴールデンウィークの
最後の祝日は、端午の節句。端午とは、5月最初の午の日のことを
さしていたようですが、いつしか"午"が"5"になっていったとか……。
子供が元気にすくすく育ちますように、との思いが込められた日は、
鯉のぼりはもちろん、子供が大好きなアイテムのクッキーで
パーティーを。近所の悪ガキたちに配るのもいいかも!

ティラノサウルス

型紙→P85
白（ふつう）
オレンジ（ゆるゆる）
水色（かため）
濃い茶色（かため）

1
白でアウトラインを描く。オレンジで全体を塗る。

2
水色で全体をふちどり、背中から尻尾にかけて小さなドットを絞る。目、鼻、牙も描く。

3
濃い茶色で目の中に瞳を絞る。

クルマ

型紙→P85
白（ふつう）
水色（ゆるめ）
濃い水色（ゆるめ）
赤（ゆるめ）

1
白でアウトラインを描く。水色でバンパー、窓ガラス、フロントライトを塗る。濃い水色でタイヤを塗る。

2
白でタイヤのホイールと、窓ガラスの反射を描き、赤でボディを塗る。

3
白でドアを描く。

積み木

型紙→P85
白（ふつう）
黄緑（黄色＋緑各少々／ゆるゆる）

1
白でアウトラインを描く。黄緑で全体を塗る。他の色も同様に作る。

ステゴサウルス

型紙→P85
白（ふつう）
黄緑（黄色＋緑各少々／ゆるゆる）
水色（ゆるめ）
濃い茶色（かため）

1
白でアウトラインを描く。黄緑でボディ全体を塗る。

2
水色でたてがみを塗る。

3
白で目を描く。濃い茶色で全体をふちどり、爪、鼻、目のまわりと瞳を描く。

ショベルカー

型紙→P85
白（ふつう）
黄緑（黄色＋緑各少々／ゆるめ）
黄色（ゆるめ）
オレンジ（ゆるめ）
水色（ゆるめ）

1
白でアウトラインを描く。黄緑でタイヤ、アームを塗る。黄色でホイールとショベルを塗る。

2
オレンジでボディを塗る。

3
水色で窓とドアを描く。

June Bride

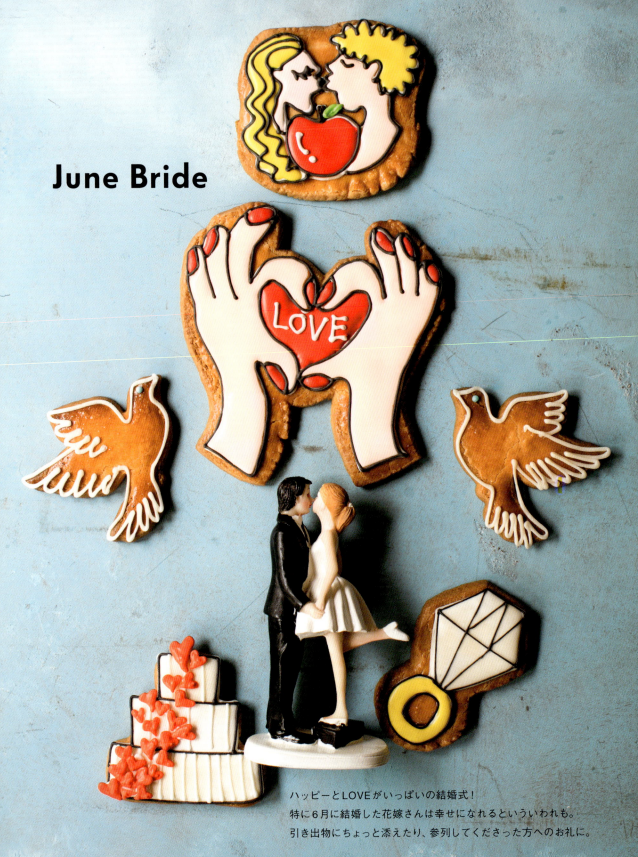

ハッピーとLOVEがいっぱいの結婚式！
特に6月に結婚した花嫁さんは幸せになれるといういわれも。
引き出物にちょっと添えたり、参列してくださった方へのお礼に。

アダムとイブ

型紙→P85
白（ふつう）
黄色（ゆるめ）
肌色（オレンジ少々／ゆるめ）
赤（ゆるめ）
緑（ふつう）
黒（かため）、茶色（ふつう）

1
白でアウトラインを描く。黄色で髪を塗り、肌色で顔と体を塗る。赤でりんごを、緑で葉を塗る。

2
黒でふちどり、アダムとイブの顔とイブの髪を描く。

3
茶色でりんごの軸を塗り、白でりんごのツヤを描く。

LOVE

型紙→P85
白（ふつう）
肌色（オレンジ少々／ゆるめ）
赤（ゆるめ）
白（かため）
黒（かため）

1
白（ふつう）でアウトラインを描く。肌色で手を、赤でハートと爪を塗る。

2
ハートの中に白（かため）で「LOVE」と描く。黒で手をふちどる。

3
黒で爪をふちどる。

ハト

型紙→P85
白（ふつう）
水色（ふつう）

1
白でアウトラインを描く。

2
水色で目を絞る。

指輪

型紙→P85
白（ふつう）
白（ゆるめ）
黄色（ゆるめ）
黒（かため）

1
白（ふつう）でアウトラインを描く。白（ゆるめ）でダイヤを塗り、黄色でリングを塗る。

2
黒でふちどる。

3
黒でダイヤのカットを描く。

ウェディングケーキ

型紙→P85
白（ふつう）
白（ゆるゆる）
黒（かため）
ハートのパーツ（P11）

1
白（ふつう）でアウトラインを描く。白（ゆるゆる）で全体を塗る。

2
黒でふちどる。白（ふつう）でケーキに縦のラインを描く。

3
P11を参照し、ハートのパーツをつける。

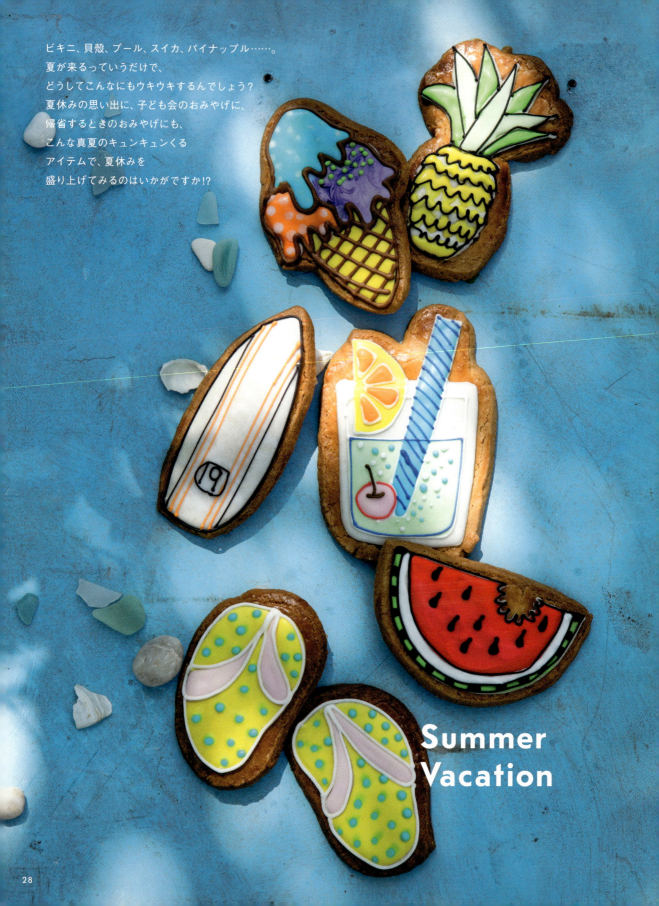

ビキニ、貝殻、プール、スイカ、パイナップル……。
夏が来るっていうだけで、
どうしてこんなにもウキウキするんでしょう?
夏休みの思い出に、子ども会のおみやげに、
帰省するときのおみやげにも、
こんな真夏のキュンキュンくる
アイテムで、夏休みを
盛り上げてみるのはいかがですか!?

Summer Vacation

ビキニヒップ

型紙→P86
白（ふつう）
肌色（オレンジ少々／ゆるゆる）
水色（ゆるめ）
青（ふつう）

1
白でアウトラインを描く。肌色で全体を塗る。

2
肌色の上から水色でビキニを描き、塗りつぶす。

3
青でビキニをふちどり、左右にリボンを描く。白でビキニに模様を描く。

プール

型紙→P86
白（ふつう）
水色（ゆるめ）、緑（ふつう）
ベッドのパーツ（P11）
うきわのパーツ（P11）
濃い茶色（ふつう）
ピンク（ふつう）、黒（ふつう）

1
白で太めのアウトラインを3重に描く。

2
水色で内側を塗る。乾かないうちに白で波を描き、楊枝でニュアンスをつける（P11）。緑でプールをふちどる。

3
ベッドとうきわのパーツをつける（P11）。濃い茶色で体を描く。ピンクでビキニを描き、黒で髪とサングラスを描く。

パイナップル

型紙→P86
白（ふつう）
黄色（ゆるめ）
白（ゆるめ）
緑（ゆるめ）
黒（ふつう）

1
白（ふつう）でアウトラインと実の模様を描く。黄色で実を塗る。白（ゆるめ）と緑で葉を塗る。

2
黒で葉のアウトラインを描く。

3
黒でパイナップルの模様を描き、全体をふちどる。

アイスクリーム

型紙→P86
白（ふつう）
黄色（ゆるめ）
オレンジ（ゆるめ）
紫（ゆるめ）、水色（ゆるめ）
黄色（ふつう）
紫（ジェル）、茶色（ふつう）

1
白でアウトラインを描く。黄色（ゆるめ）でコーンを、オレンジ、紫、水色でアイスクリームを塗る。

2
乾かないうちに、黄色（ふつう）や白でドットを、紫（ジェル）で模様を描く。紫のアイスに緑でドットを絞る。

3
茶色でそれぞれのアイスクリームとコーンをふちどり、コーンの模様を描く。

サーフボード

型紙→P86
白（ふつう）
白（ゆるめ）
オレンジ（ゆるめ）
茶色（ふつう）

1
白（ふつう）でアウトラインを描く。白（ゆるめ）で全体を塗る。

2
オレンジで両脇に2本ずつ縦のラインを描く。

3
茶色で「19」と描き、まわりを丸く囲む。同じく茶色でボード全体をふちどり、オレンジの線の横にも線を描く。

トロピカルドリンク

型紙→P86
白（ふつう）、白（ゆるめ）
薄い黄緑（黄色＋緑各少々／ゆるめ）
黄色（ゆるめ）、ピンク（ゆるめ）
水色（ふつう）、水色（ゆるめ）
オレンジ（ゆるめ）、赤（ふつう）
青（ふつう）、茶色（ふつう）

1
白（ふつう）でアウトラインを描く。白（ゆるめ）で内側を塗る。薄い黄緑、黄色、ピンクで写真のように塗る。

2
水色（ふつう）でドットを、白（ふつう）でドットとオレンジのふさを描く。水色（ゆるめ）でストローを塗る。

3
オレンジでふさを塗り、赤でサクランボをふちどる。青でストローの模様とドリンクをふちどり、茶色で軸を描く。

スイカ

型紙→P86
白（ふつう）
緑（ゆるめ）
白（ゆるめ）
赤（ゆるめ）
黒（ふつう）

1
白（ふつう）でアウトラインを描く。緑で皮を、白（ゆるめ）でその上の部分を塗る。赤でスイカの中身を塗る。

2
黒で全体をふちどる。

3
黒で種を描き、皮の模様を描く。

ビーチサンダル

型紙→P86
白（ふつう）
黄色（ゆるめ）
ピンク（ゆるめ）
水色（ゆるめ）

1
白でアウトラインを描く。黄色で全体を塗る。ピンクで鼻緒を描く。

2
水色で黄色の上にドットを絞り、水玉模様にする。

3
白でサンダル全体と鼻緒をふちどる。

貝

型紙→P86
白（ふつう）
白（ゆるめ）
水色（ゆるめ）
薄い緑（ふつう）
舌のパーツ（P11）
目玉のパーツ（P11）

1
白（ふつう）でアウトラインを描く。白（ゆるめ）と水色で貝を塗る。水色の方に薄い緑でふちと模様を描く。

2
白（ふつう）で舌と目玉のパーツをつける（P11）。

3
二枚を重ねる。

ヒトデ

型紙→P86
白（ふつう）
オレンジ（ゆるゆる）
ピンク（ふつう）
目玉のパーツ（P11参照）

1
白でアウトラインを描く。オレンジで全体を塗る。

2
ピンクでふちどり、内側にドットを絞る。

3
白で目玉のパーツをつける（p11）。

Travel

家族や友人、彼と出かける、ビーチや山、海外旅行など、
夏一番のお楽しみといえば、やっぱり旅でしょう。
そんな旅の思い出や、憧れをクッキーにしてみました。
夏のはじめに、ここ行ってみたいなぁというおねだりも込めて
プレゼントするのもいいかも。クッキー作戦、ぜひお試しあれ！

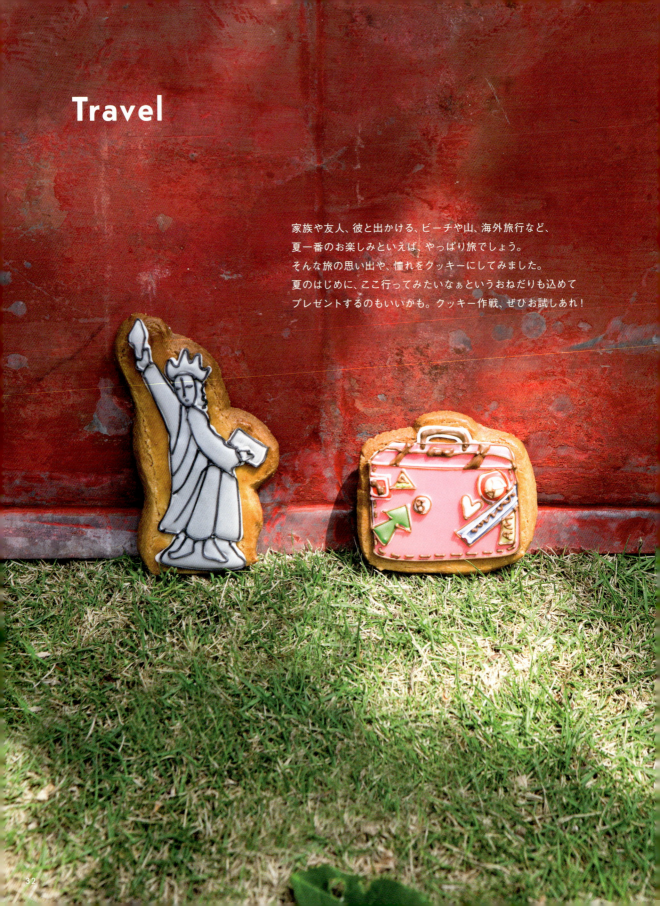

自由の女神

型紙→P87
白（ふつう）
グレー（黒少々／ゆるゆる）
黒（ふつう）

1
白でアウトラインを描く。グレーで全体を塗る。

2
黒で自由の女神をふちどる。

3
黒で目と鼻、洋服の模様を描く。

トランク

型紙→P88
白（ふつう）
ピンク（ゆるめ）
赤（ふつう）
黄（ふつう）
緑（ふつう）
青（ふつう）、茶色（かため）

1
白でアウトラインを描く。ピンクでトランク本体を塗る。赤、黄、緑、青など好みの色で、自由にステッカーを描く。

2
白、緑、黄色などでステッカーに絵柄を加える。

3
茶色で持ち手を塗り、留め金を描く。茶色でステッカーと全体をふちどり、模様や文字を描く。

エッフェル塔

型紙→P87
白（ふつう）
グレー（黒少々／ゆるゆる）
黒（ふつう）

1
白でアウトラインを描く。グレーで全体を塗る。

2
黒でエッフェル塔をふちどる。

3
黒でエッフェル塔の模様を描く。

フラガール

型紙→P87
白（ふつう）
肌色（オレンジ少々／ゆるめ）
緑（ゆるめ）
黒（ふつう）
ピンク（ふつう）
茶色（ふつう）、黒（かため）

1
白（ふつう）でアウトラインを描く。肌色で顔と体を塗る。緑、黒、ピンクで写真のように塗る。

2
茶色でスカートをふちどり、模様を描く。

3
黒（かため）で全体をふちどりし、目、鼻、口、おへそを描く。ピンクで唇を塗る。

サボテン

型紙→P87
白（ふつう）
緑（ゆるめ）
紫（ゆるめ）
水色（ふつう）
オレンジ（ふつう）

1
白でアウトラインを描く。緑でサボテンを、紫で植木鉢を塗る。水色で植木鉢をふちどる。

2
オレンジで花を描く。白で植木鉢の模様を描く。

3
白でサボテンのトゲと花の中心を描く。

飛行機

型紙→P86
白（ふつう）
グレー（黒少々／ゆるゆる）
黒（ゆるめ）
赤（ふつう）

1
白でアウトラインを描く。グレーで全体を塗る。

2
白で全体をふちどり、翼の模様などを描く。

3
黒で窓を描き、翼部分に黒と赤でドットを絞り、模様を描く。

地球儀

型紙→P87
白（ふつう）
水色（ゆるゆる）
緑（ゆるめ）
茶色（ふつう）

1
白でアウトラインを描く。水色で全体を塗る。

2
緑で大陸を描く。

3
茶色で全体をふちどる。

パンダ

型紙→P86
白（ふつう）
黒（ゆるめ）
白（ゆるめ）

1
白（ふつう）でアウトラインを描く。黒で腕、足、耳を塗る。白（ゆるめ）で残りのボディを塗る。

2
黒で目と鼻を描く。

3
白（ふつう）で全体をふちどり、目の中に瞳を描く。

ツタンカーメン

型紙→P87
白（ふつう）
黄色（ゆるめ）
紫（ゆるめ）
黒（ゆるめ）
赤（ふつう）

1
白でアウトラインを描く。黄色で顔と耳、てっぺんの蛇と鷹になる部分を塗り、まわりを黄色と紫で縞模様に塗る。

2
黒で全体、顔、耳、縞模様、蛇と鷹をそれぞれふちどり、頸の下の部分の模様も描く。赤で黄色の間を塗る。

3
黒でツターンカーメンの顔、蛇と鷹の顔を描く。

ヤシの木

型紙→P87
白（ふつう）
緑（ゆるめ）
黄色（ゆるめ）
白（ゆるめ）
茶色（ふつう）
オレンジ（ふつう）、黒（ふつう）

1
白（ふつう）でアウトラインを描く。緑で葉を、黄色でヤシの実を塗る。白（ゆるめ）と茶色で木を縞模様に塗る。

2
白（ふつう）で葉と木にそれぞれ波模様を描く。オレンジでヤシの実をふちどり、茶色でツヤを描く。

3
黒で葉と木をふちどる。

Halloween

"Trick or Treat" お菓子をくれなきゃ、
いたずらしちゃうぞ〜！おちゃめなフレーズもすっかり
定着した感のあるハロウィン。
もともとは古代ケルト人が収穫を祝うと同時に
悪霊を追い払う行事だったものですが、
今や、日本でも秋の一大イベントに。
子どもたちに配るお菓子にも、
ハロウィンパーティにも!!

ガイコツ夫婦

型紙→P87
白（ふつう）
白（ゆるめ）
黒（ふつう）
赤（ゆるめ）
黄緑（黄色＋緑／ゆるめ）
青（ふつう）
オレンジ（ゆるめ）
ピンク（ゆるめ）

1
白（ふつう）でアウトラインを描く。白（ゆるめ）で骨を塗る。

2
黒で女ガイコツの骨のまわりと肋骨をふちどり、目、鼻、歯を描く。

3
赤と黄緑で女ガイコツの頭の上の花と葉を塗る。青で花の真ん中にドットを絞る。

4
オレンジで男ガイコツの帽子を塗る。黄緑で骨のまわりの葉も塗る。

5
黄緑で男ガイコツの帽子の葉を塗る。赤とピンクで花を塗る。黒で骨をふちどり、目と鼻を描く。

6
黒で男ガイコツの帽子と花、葉をふちどり、帽子の模様と葉脈を描く。

かぼちゃ

型紙→P87
白（ふつう）
オレンジ（ゆるゆる）
黒（ふつう）
黒（ゆるめ）

1
白でアウトラインを描く。オレンジで全体を塗る。白でかぼちゃのラインを描く。

2
黒（ふつう）で目、鼻、口、縫い目、葉を描く。

3
黒（ゆるめ）で目、鼻、口、葉を塗る。

くもの巣

型紙→P87
白（ふつう）
黄色（ゆるゆる）
黒（ふつう）
オレンジ（ふつう）

1
白でアウトラインを描く。黄色で全体を塗る。

2
黒でくもの巣とくもを描く。

3
オレンジでくもの目を描く。

コウモリ

型紙→P87
白（ふつう）
紫（ゆるめ）
黒（ゆるめ）
水色（ゆるめ）
黒（ふつう）

1
白でアウトラインを描く。紫で上のコウモリを、黒（ゆるめ）で真ん中の小さなコウモリを塗る。

2
水色で下のコウモリを塗る。

3
黒（ふつう）で、紫と水色のコウモリをふちどる。

ムーン

型紙→P87
白（ふつう）
紫（ゆるめ）
黄色（ゆるめ）
黒（ふつう）

1

白でアウトラインを描く。紫で丸部分を塗る。

2

黄色で三ケ月を塗る。黒で全体と、月をふちどる。

3

白で「Halloween」と描く。

ドクロ

型紙→P87
白（ふつう）
白（ゆるめ）
黒（ふつう）
赤（かため）
水色（かため）
ピンク（かため）

1

白（ふつう）でアウトラインを描く。白（ゆるめ）で全体を塗る。

2

黒で目、鼻、口を描き、全体をふちどる。

3

赤で顔の中の模様を描く。水色で頭の模様を、ピンクで顔の模様を描く。

棺

型紙→P87
白（ふつう）
黒（ゆるめ）
紫（ゆるめ）
黒（かため）

1

白でアウトラインを描く。黒（ゆるめ）と紫で全体を塗る。

2

黒の方を白で二重にふちどり、中に十字架を描く。十字架の中にドットを絞る。紫の方に白でガイコツを描く。

3

紫の方に黒（かため）でガイコツの目、鼻、口を描き、全体をふちどる。

おばけ

型紙→P87
白（ふつう）
白（ゆるめ）
黒（ふつう）
オレンジ（ゆるめ）
紫（ゆるめ）

1

白（ふつう）でアウトラインを描く。白（ゆるめ）で全体を塗る。

2

黒で目、鼻、口、フラッグを描く。

3

オレンジと紫でフラッグの中を塗る。

モンスター

型紙→P87
白（ふつう）
紫（ゆるめ）
白（ゆるめ）
黄色（ゆるめ）
オレンジ（ゆるめ）
赤（ふつう）、黒（ふつう）

1

白（ふつう）でアウトラインを描く。紫で顔を塗り、白（ゆるめ）で歯を塗る。

2

黄色で目を塗り、オレンジで足を塗る。

3

赤で瞳、唇、足の血を塗る。黒ですべてをふちどる。

Circus

秋になるとやってくる移動式のサーカス。
曲芸が得意なゾウさんや、おとぼけ顔のピエロ、
みんなを仕切る陽気な団長さん。
サーカスを見ながら食べるのは、
決まって揚げたての香ばしいポップコーン！

テント

型紙→P88
白（ふつう）
赤（ゆるめ）
白（ゆるめ）
グレー（黒少々／ゆるめ）
黄緑（黄色＋緑各少々／ゆるめ）
黒（かため）

1
白でアウトラインを描く。赤と白（ゆるめ）でテントをストライプに塗る。

2
グレーで旗と入り口を塗る。黄緑でてっぺんのフラッグを塗る。

3
黒で全体をふちどり、フラッグの模様を描く。

星

型紙→P88
白（ふつう）
黄色（ゆるめ）
黒（かため）

1
白でアウトラインを描く。黄色で全体を塗る。

2
黒でふちどり、顔を描く。

バルーン

型紙→P88
白（ふつう）、白（ゆるめ）
水色（ゆるめ）
紫（ゆるめ）
黄緑（黄色＋緑各少々／ゆるめ）
赤（ゆるめ）、黄色（ふつう）
ピンク（ふつう）、黒（かため）

1
白（ふつう）でアウトラインを描く。白（ゆるめ）、水色、紫、黄緑、赤でバルーンを塗る。

2
黄色やピンクなど好みの色でバルーンにボーダー、ドット、ハートなどの模様を描く。

3
黒で全体をふちどる。

ピエロ

型紙→P88
白（ふつう）
白（ゆるめ）
赤（ゆるめ）
黄色（ゆるめ）
水色（ゆるめ）
黄緑（黄色＋緑各少々／ゆるめ）
黒（かため）
青（ジェル）
赤（ジェル）

1
白（ふつう）でアウトラインを描く。白（ゆるめ）で顔を塗る。赤で髪を塗る。黄色で襟の真ん中を塗る。

2
水色と黄緑で上と下の襟を塗る。

3
黒で顔を描く。

4
黒で全体をふちどる。

5
赤で鼻と唇を塗る。

6
青（ジェル）でほっぺに星を描き、赤（ジェル）で顔に縦の線を描く。

ポップコーン

型紙→P88
白（ふつう）
白（ゆるめ）
赤（ゆるめ）
黄色（ゆるめ）
黒（かため）
黄色（かため）、茶色（ジェル）

1

白（ふつう）でカップのアウトラインを描く。白（ゆるめ）と赤でカップを交互に塗る。黄色（ゆるめ）で楕円を塗る。

2

白（ふつう）で、大きめのドットを絞る。黒でカップをふちどり、黄色の上から「pop corn」と描く。

3

黄色（かため）でポップコーンの間を埋める。茶色（ジェル）で黄色の上を少し塗り、殻に見立てる。

芸するゾウ

型紙→P88
白（ふつう）
黄色（ゆるめ）
赤（ゆるめ）
グレー（黒少々／ゆるめ）
黄緑（黄色＋緑各少々／ゆるめ）
水色（ゆるめ）、黒（かため）

1

白でアウトラインを描く。黄色でゾウの背中のマットと玉の模様を塗る。赤でゾウの頭と玉の模様を塗る。

2

グレーでゾウを塗る。

3

黄緑で2本の羽と背中のマットのラインを塗る。

4

水色で真ん中の羽とマットのフリルを塗る。

5

黒で全体をふちどり、ゾウの耳と顔、羽とマットの模様を描く。

6

赤でマットの模様の中を塗る。

団長

型紙→P88
白（ふつう）
白（ゆるめ）
赤（ゆるめ）
黄色（ゆるめ）
グレー（黒少々／ゆるめ）
水色（ゆるめ）
黄緑（黄色＋緑各少々／ゆるめ）
黒（かため）
黒（ふつう）

1

白（ふつう）でアウトラインを描く。白（ゆるめ）で顔を塗る。赤でジャケットと台のフラッグを塗る。

2

黄色で台を塗る。

3

グレーでズボンを塗る。

4

水色でシャツを塗る。黄緑で蝶ネクタイを塗る。

5

黒（かため）で全体をふちどり、ジャケットの袖口を塗り、顔とズボンの柄、シャツのボタンを描く。

6

黒（ふつう）で帽子、ブーツ、ジャケットの襟を塗る。

45

Art

秋といえば、芸術の秋！
美術館に行って絵画を
鑑賞するのもいいけれど、
好きな絵をイメージしながら、
アイシングクッキーにしてみれば
芸術＋食欲の秋!?

絵画A

型紙→P88
白（ふつう）
白（ゆるゆる）
黒（ふつう）
茶色（ジェル）
紫（ジェル）
緑（ジェル）

1

白（ふつう）でアウトラインを描き、白（ゆるゆる）で全体を塗る。黒で人を描く。

2

茶色（ジェル）で髪と影、洋服の袖を塗る。

3

紫（ジェル）で洋服を塗り、緑（ジェル）で背景を塗る。

チケット

型紙→P88
白（ふつう）
グレー（黒少々／ゆるゆる）
黒（かため）

1

白でアウトラインを描く。グレーで全体を塗る。

2

黒でまわりの模様を描く。

3

黒で「TICKET」と描く。

絵画B

型紙→P88
白（ふつう）
白（ゆるゆる）
黒（ふつう）
オレンジ（ジェル）
黄色（ジェル）
水色（ジェル）、赤（ジェル）

1

白（ふつう）でアウトラインを描き、白（ゆるゆる）で全体を塗る。黒で傘を持った牛と太陽を描く。

2

オレンジ（ジェル）と黄色（ジェル）で背景と太陽を塗る。

3

水色（ジェル）で牛の顔と尾を塗り、赤（ジェル）で傘をストライプに塗る。

絵画C

型紙→P88
白（ふつう）
白（ゆるゆる）
黒（ふつう）
緑（ジェル）
青（ジェル）

1

白（ふつう）でアウトラインを描き、白（ゆるゆる）で全体を塗る。黒で顔と手を描く。

2

緑（ジェル）で顔を塗る。

3

青（ジェル）で服を塗る。

絵画D

型紙→P88
白（ふつう）
白（ゆるゆる）
黒（ふつう）
緑（ジェル）
黄色（ジェル）
紫（ジェル）、青（ジェル）

1

白（ふつう）でアウトラインを描き、白（ゆるゆる）で全体を塗る。黒で顔を描く。

2

緑と黄色（いずれもジェル）で目のまわりを塗る。

3

紫と青（いずれもジェル）でその他を塗る。

音楽に耳を傾けるのにもいい季節、秋。
音楽好きのあの人へは、レコード盤や
好きそうなアルバムジャケットを模して。
発表会でがんばった人には、ピアノやギター、
音符のクッキーをプレゼントしてみては？

Music

レコードジャケット

型紙→P88
白（ふつう）
白（ゆるゆる）
黒（ふつう）
緑（ジェル）

1

白（ふつう）でアウトラインを描き、白（ゆるゆる）で全体を塗る。黒でレコードジャケットの文字と絵を描く。

2

緑（ジェル）などで背景を塗る。

ピアノ

型紙→P88
白（ふつう）
白（ゆるゆる）
黒（ふつう）

1

白（ふつう）でアウトラインを描き、白（ゆるゆる）で全体を塗る。

2

黒で鍵盤の線を描く。

3

黒で黒鍵を描き、中を塗る。

レコード盤

型紙→P88
白（ふつう）
黒（ゆるめ）
黒（かため）
茶色（ゆるめ）
ピンク（ゆるめ）

1

白でアウトラインを描く。黒（ゆるめ）で真ん中を丸く残して全体を塗る。

2

黒（かため）でレコードの溝を描き、白でレーベル部分を丸く描く。

3

茶色でレーベルの内側を塗り、ピンクで模様を描く。

音符

型紙→P88
白（ふつう）
茶色（ゆるめ）
黒（かため）

1

白でアウトラインを描く。茶色で全体を塗る。

2

黒で符頭の部分に靴を描く。

ギター

型紙→P88
白（ふつう）
茶色（ゆるめ）
黒（ふつう）
黄色（ふつう）

1

白でアウトラインを描く。茶色で全体を塗る。

2

黒で全体をふちどり、サウンドホール、ネックなどを塗る。

3

黄色で模様を描き、白で弦を描く。

冬一番のお楽しみ、クリスマス。
サンタクロースに、クリスマスツリー、トナカイ、
ジンジャーマン、プレゼント、スノーマン。
穴を開けて焼き、ひもを通せば
オーナメントにもなるキュートな
アイシングクッキーをプレゼントしたら、
サンタクロースより人気者になれるかもよ!?

Christmas

雪の結晶

型紙→P89
白（ふつう）
水色（ゆるゆる）

1	2	3

白でアウトラインを描く。水色で白のラインを残すように全体を塗る。白で6つの角にひし形を描く。	白でひし形を結ぶように3本線を描く。さらにひし形の両脇に小さなひし形を描く。	白で線をまたぐようにV字を描き、先の方に適当にドットを絞る。

靴下

型紙→P89
白（ふつう）
ピンク（ゆるめ）
水色（ゆるめ）

1	2	3

白でアウトラインとかかと、つま先を描く。	白でチェック模様を描く。	ピンクと水色で、つま先、かかと、リブの部分にドットを絞る。

サンタクロース

型紙→P89
白（ふつう）
白（ゆるめ）
赤（ゆるめ）
肌色（オレンジ少々／ゆるめ）
黒（ふつう）

1	2	3
白（ふつう）でアウトラインを描く。白（ゆるめ）でひげ、帽子の上と下を塗る。赤で帽子を、肌色で顔を塗る。	白（ゆるめ）で眉毛を描く。	黒で全体をふちどり、目と鼻を描く。

ジンジャーマン

型紙→P89
白（ふつう）
茶色（ゆるゆる）
緑（ゆるめ）
赤（ゆるめ）
青（ゆるめ）

1	2	3
白でアウトラインを描く。茶色で全体を塗る。	白で顔とボタンのアウトライン、体に沿って点線を描く。	緑、赤、青でボタンの中を塗る。

くるみ割り人形

型紙→P89
白（ふつう）
肌色（オレンジ少々／ゆるめ）
黒（ゆるめ）、黄色（ゆるめ）
赤（ゆるめ）
白（ゆるめ）、茶色（ふつう）
黒（かため）、緑（ゆるめ）

1	2	3
白（ふつう）でアウトラインを描く。肌色、黒（ゆるめ）、黄色、赤、白（ゆるめ）の順で写真のように塗る。	茶色で髪の毛、洋服の肩部分、手をふちどり、鼻、口、洋服の模様を描く。	黒（かため）で目、ひげを描く。白（ふつう）でブーツに模様を描く。緑でベルトの模様を塗り、瞳を絞る。

スノーマン

型紙→P89
白（ふつう）
白（ゆるめ）
水色（ゆるめ）、紫（ゆるめ）
黒（ゆるめ）、黒（かため）
薄いピンク（ゆるめ）
青（ゆるめ）、緑（ゆるめ）

1
白（ふつう）でアウトラインを描く。白（ゆるめ）で顔と体を塗る。水色、紫、黒（ゆるめ）で写真のように塗る。

2
黒（かため）で手の枝と顔を描き、ボタンをふちどる。

3
薄いピンク、青、緑でボタンの中を塗り、薄いピンクで手袋にラインを描く。

クリスマスツリー

型紙→P89
白（ふつう）
茶色（ゆるめ）
緑（ゆるゆる）
黒（かため）
赤（ゆるめ）
水色（ゆるめ）、黄色（ふつう）

1
白でアウトラインを描く。茶色で木を塗り、緑で葉を塗る。

2
黒で葉の上に、ステッキやプレゼント、スノーマンなど好きなオーナメントを描く。

3
白で木をふちどり、模様を描く。赤、水色、黄色などでオーナメントを塗る。

キャンディケーン

型紙→P89
白（ふつう）
白（ゆるゆる）
赤（ゆるめ）
赤（ふつう）

1
白（ふつう）でアウトラインを描く。白（ゆるゆる）で全体を塗る。

2
赤（ゆるめ）でストライプの模様を描く。

3
赤（ふつう）で全体をふちどる。

プレゼント

型紙→P89
白（ふつう）
白（ゆるめ）
赤（ゆるめ）
こげ茶（かため）

1
白（ふつう）でアウトラインを描く。白（ゆるめ）で箱を塗る。赤でリボンを塗る。

2
こげ茶で全体をふちどる。

3
こげ茶で箱にドットの模様を描く。

トナカイ

型紙→P89
白（ふつう）
茶色（ゆるめ）
黒（かため）

1
白でアウトラインを描く。茶色で全体を塗る。

2
黒で全体をふちどり、蹄と目を描く。

お正月

一年のはじまり、お正月に贈りたい、
贈られたい、おめでたいキーワードが並んだニューイヤークッキー。
お年玉に添えてプレゼントするもよし、お年賀代わりに贈るもよし。

福助

型紙→P89
白（ふつう）
水色（ゆるめ）
紫（ゆるめ）
黒（ゆるめ）
肌色（オレンジ少々／ゆるめ）
黒（かため）
赤（ジェル）
黒（ジェル）

1
白でアウトラインを描く。水色と紫で着物を塗る。水色と黒（ゆるめ）で髪を塗る。肌色で顔と手を塗る。

2
黒（かため）で頭と顔、耳のまわりをふちどる。

3
黒（かため）で着物と手をふちどり、襟と袖口の線を描く。

4
赤（ジェル）を水で薄め、筆でほっぺと耳、手先を塗る。同じく赤（ジェル）で唇を描く。

5
黒（ジェル）で目、鼻、ほっぺ、眉毛を描く。

6
黒（ジェル）で福の字を描く。黒（かため）で丸くふちどり、襟の模様を描く。

お年玉

型紙→P89
白（ふつう）
白（ゆるゆる）
赤（ふつう）
黒（かため）

1
白（ふつう）でアウトラインを描く。白（ゆるゆる）で全体を塗る。

2
赤で水引を描く。

3
黒で「おとし玉」と描き、全体をふちどる。

羽子板

型紙→P89
白（ふつう）
水色（ゆるめ）
黄色（ゆるめ）
白（ゆるめ）
赤（ゆるめ）
青（かため）、水色（ふつう）

1
白（ふつう）でアウトラインを描く。水色（ゆるめ）、黄色、白（ゆるめ）、赤で写真のように塗る。

2
青で富士山と羽子板のまわりをふちどる。

3
青で太陽のまわりに放射状に線を描く。青い線の間に水色（ふつう）で線を描く。

羽子板の羽

型紙→P89
白（ふつう）
白（ゆるめ）
赤（ふつう）
黄色（ゆるめ）
緑（ゆるめ）
黒（ゆるめ）

1
白（ふつう）でアウトラインを描く。白（ゆるめ）、赤、黄色、緑で羽を、黒で玉を塗る。

2
白（ふつう）で全体をふちどる。

獅子舞

型紙→P89
白（ふつう）
赤（ゆるめ）
黄色（ゆるめ）
緑（ゆるめ）
白（ゆるめ）
黒（ゆるめ）
黒（かため）

1
白（ふつう）でアウトラインを描く。赤、黄色、緑、白（ゆるめ）、黒（ゆるめ）で写真のように描く。

2
黒（かため）で髪をふちどり、歯と草履の鼻緒を描く。

3
黒（かため）で瞳を描き、目のまわりと眉毛をふちどる。

4
白（ふつう）でマントの唐草模様を描く。

5
白（ふつう）で耳をふちどり、鼻を描く。

6
白（ふつう）でマントのまわりをふちどる。

鏡餅

型紙→P89
白（ふつう）
白（ゆるゆる）
茶色（ゆるめ）
オレンジ（ゆるめ）
黒（かため）
緑（ゆるめ）

1
白（ふつう）でアウトラインを描く。白（ゆるゆる）で餅を塗る。茶色で三宝（台）を、オレンジで橙を塗る。

2
黒で全体をふちどり、三宝の真ん中のくり形（透かし穴）を塗り、橙の粒を描く。

3
緑で橙の葉とウラジロを描く。

鳥居

型紙→P89
白（ふつう）
黒（ゆるめ）
赤（ゆるめ）
黒（かため）

1
白でアウトラインを描く。黒（ゆるめ）で上の部分を塗る。赤でその他の部分を塗り、白で真ん中を塗る。

2
黒（かため）で全体をふちどる。

達磨

型紙→P89
白（ふつう）
白（ゆるめ）
赤（ゆるめ）
黒（かため）

1
白（ふつう）でアウトラインを描く。白（ゆるめ）で顔を塗る。赤でまわりを塗る。

2
黒で模様を描き、顔のまわりをふちどる。

3
黒で顔を描き、全体をふちどる。

おでん

寒くなってくると無性に食べたくなる
もののひとつ、おでん。
これを食べなきゃ、冬は始まらない！
「おでんパーティーしようよ」という
お誘いにも使えるお茶目なクッキー。
見た目はしょっぱいけれど、食べると甘いの（笑）。

おちょこと徳利

型紙→P90
白（ふつう）
白（ゆるゆる）
水色（ジェル）
黒（かため）

1
白（ふつう）でおちょこと徳利のアウトラインを描く。白（ゆるゆる）で全体を塗る。

2
水色（ジェル）でおちょこと徳利の模様を描く。

3
黒で全体をふちどり、酒の文字を描く。

卵（ちくわぶ／はんぺん）

型紙→P90
白（ふつう）
白（ゆるめ）
黄色（ゆるめ）
黒（かため）

1
白（ふつう）でアウトラインを描く。白（ゆるめ）で白身を塗る。

2
黄色で黄身を描き、塗りつぶす。

3
黒でふちどる。ちくわぶとはんぺんも白と黒で同様に作る。

こんにゃく／昆布

型紙→P90
白（ふつう）
グレー（ゆるめ）
黒（ゆるめ）
黒（ふつう）
黒（かため）

1
白でこんにゃくのアウトラインを描く。グレーで全体を塗る。

2
白で昆布のアウトラインを描く。黒（ゆるめ）で全体を塗る。

3
黒（ふつう）でこんにゃくの模様を描き、黒（かため）でこんにゃくと昆布をふちどる。

袋煮／つくね

型紙→P90
白（ふつう）
薄い茶色（ゆるめ）
濃い茶色（ゆるめ）
黒（かため）

1
白で煮袋のアウトラインを描く。薄い茶色で全体を塗る。

2
白でつくねのアウトラインを描く。濃い茶色で全体を塗る。

3
黒で袋煮とつくねをそれぞれふちどる。

ちくわ

型紙→P90
白（ふつう）
白（ゆるめ）
薄い茶色（ゆるめ）
茶色（ジェル）
黒（かため）

1
白（ふつう）でアウトラインを描く。白（ゆるめ）でちくわの口の部分を、薄い茶色で全体を塗る。

2
茶色（ジェル）で薄い茶色の上からちくわの模様を描く。

3
黒で全体をふちどる。

春節ともいわれる節分は、
まさに読んで字のごとく
春を迎える節目となる季節の行事。
豆をまき、一年の無事を祈る日でもあります。
そんな節目となる日の
お茶目なメインキャラクターが勢ぞろいです。

節分

豆

型紙→P90
白（ふつう）
肌色（オレンジ少々／ゆるゆる）
茶色（ふつう）

1

白（ふつう）でアウトラインを描く。肌色で全体を塗る。

2

茶色で芽の部分を描き、ふちどる。

おかめ

型紙→P90
白（ふつう）
白（ゆるめ）
ピンク（ゆるめ）
黒（ゆるめ）
黒（ジェル）

1

白（ふつう）でアウトラインを描く。白（ゆるめ）で顔を塗る。ピンクでほっぺと唇を描く。

2

黒（ゆるめ）で髪を塗り、乾かないうちに楊枝の先で引っかき、質感を出す（P11）。

3

黒（ジェル）で目を描く。

鬼

型紙→P90
白（ふつう）
白（ゆるめ）
黄色（ゆるめ）
赤（ゆるめ）
水色（ゆるめ）
茶色（ふつう）、黒（ゆるめ）

1

白（ふつう）でアウトラインと顔、髪を描く。白（ゆるめ）で角を、黄色で髪を塗る。

2

赤で顔を塗る。水色で目を、白（ゆるめ）で牙を塗る。茶色で髪をふちどり、角に模様を描く。

3

黒で眉毛と瞳を塗る。

柊鰯

型紙→P90
白（ふつう）
水色（ゆるめ）
白（ゆるめ）
黄緑（ゆるめ）
薄い茶色（ゆるめ）
茶色（ふつう）

1

白（ふつう）でアウトラインを描く。水色で顔を塗り、白（ゆるめ）で目を描く。黄緑で柊を、薄い茶色で枝を塗る。

2

茶色で鰯の顔を描く。同じく茶色でヒイラギの葉脈を描く。

3

茶色で鰯の瞳にドットを絞る。

升

型紙→P90
白（ふつう）
薄い茶色（ゆるめ）
茶色（ふつう）

1

白でアウトラインを描く。薄い茶色で全体を塗る。

2

茶色で升の模様を描く。

Valentine's Day

日本では女性がチョコレートとともに
愛を告白する日になっていますが、
国によっては男性からだったりも!?
いずれにしても愛の日であることに変わりなし。
今年はチョコレートの代わりに、
こんなアイシングクッキーはいかがですか?

ラブレター

型紙→P90
白（ふつう）
白（ゆるめ）
黒（ふつう）
赤（ふつう）

1

白（ふつう）でアウトラインを描く。白（ゆるめ）で全体を塗る。

2

黒でふちどる。

3

赤で留口にハートを描く。

板チョコ

型紙→P90
白（ふつう）
茶色（ゆるめ）
薄い紫（ゆるめ）
グレー（ゆるめ）
黒（ふつう）
グレー（ふつう）

1

白でアウトラインを描く。茶色でチョコレートを塗る。薄い紫とグレー（ゆるめ）で包み紙を塗る。

2

黒でチョコレートをふちどり、ブロックを描く。

3

グレー（ふつう）で包み紙に文字と模様を描く。

リップ

型紙→P90
白（ふつう）
白（ゆるめ）
赤（ゆるめ）
黒（ふつう）

1

白（ふつう）でアウトラインを描く。白（ゆるめ）で口の中を、赤で唇を塗る。

2

黒で文字を描く。

ラブモンスター

型紙→P90
白（ふつう）
紫（ゆるめ）
肌色（オレンジ少々／ゆるめ）
青（ゆるめ）、黒（ゆるめ）
緑（ゆるめ）、赤（ゆるめ）
黒（かため）、黒（ジェル）

1

白でアウトラインを描く。紫でハート、肌色で足、青でタイツ、黒（ゆるめ）でハイヒールを塗る。

2

緑でまぶた、白と赤で口を塗る。黒（ゆるめ）で手袋、黒（ふつう）でまぶたと唇をふちどり、まつげとしわを描く。

3

黒（かため）で全体をふちどり、歯を描く。黒（ジェル）でタイツの編み模様を描く。

カラーハート

型紙→P90
白（ふつう）
水色（ゆるめ）
黒（かため）
赤（ゆるめ）
白（ゆるめ）

1

白（ふつう）でアウトラインを描く。水色で全体を塗る。黒で目とまつげ、唇、ほくろを描き、全体をふちどる。

2

赤で唇を塗る。白（ゆるめ）で目と口の中を塗る。

3

黒で瞳を描く。

65

Congratu

Thank you

Birthday

一年に一度の自分の、あるいは
家族や友人のお誕生日。
今年はアイシングクッキーで
お祝いするのはどうですか！?
誕生日の歳や、誕生日の日の数字、
ケーキに飾るいちごやクラッカーも
アイシングクッキーで！

プレゼント

型紙→P91
白（ふつう）
水色（ゆるめ）
黄色（ゆるめ）

1

白でアウトラインを描く。水色で箱を塗る。黄色でリボンを塗る。

2

白で全体をふちどる。

3

白でリボンに斜め線を描く。

クラッカー

型紙→P91
白（ふつう）
ピンク（ゆるめ）
赤（ゆるめ）
緑（ふつう）
ピンク（ふつう）
赤（ふつう）

1

白でクラッカーのアウトラインと模様の丸、ひもを描く。ピンク（ゆるめ）で丸の中を、それ以外を赤（ゆるめ）で塗る。

2

緑、ピンク（ふつう）、赤（ふつう）で飛び出したテープを描く。

3

白と赤（ふつう）でテープの間にドットを絞る。

Kids

型紙→P91
白（ふつう）
肌色（オレンジ少々／ゆるめ）
ピンク（ゆるめ）
茶色（かため）
赤（ゆるめ）
ピンク（ふつう）

1

白でアウトラインを描く。肌色で顔を、ピンク（ゆるめ）で髪を塗る。

2

茶色で髪をふちどり、目、鼻、唇を描く。

3

赤で唇を塗り、ピンク（ふつう）で目の中に瞳を絞る。

パーティー帽

型紙→P91
白（ふつう）
水色（ゆるゆる）
黄色（ふつう）
青（ゆるめ）

1

白でアウトラインを描く。水色で帽子を塗る。

2

黄色で全体をふちどり、星を描く。青で星の中を塗る。

3

白で帽子の上のポンポンを描く。

吹き出し

型紙→P91
白（ふつう）
水色（ゆるゆる）
茶色（かため）

1

白でアウトラインを描く。水色で全体を塗る。

2

茶色で「HAPPY Birthday」と描く。

3

白で全体をふちどる。

ハッピーバースデー メガネ

型紙→P91
白（ふつう）
水色（ゆるめ）
青（ゆるめ）
緑（ジェル）
茶色（ゆるめ）

1
白でアウトラインを描く。水色でフレームを、青でレンズを塗る。

2
緑（ジェル）でフレームの模様を描く。

3
茶色でメガネの上に模様を描く。

1
白で茶色の上に大きめのドットを絞る。

2
白でレンズをふちどり、レンズの反射を描く。

3
白でメガネ全体をふちどる。

キャンドル

型紙→P91
白（ふつう）
水色（ゆるゆる）
黄色（ゆるめ）
赤（ゆるめ）
オレンジ（ゆるめ）

1
白でアウトラインを描く。水色でキャンドルを塗り、乾く前に黄色でドットを絞る。赤で炎を塗る。

2
白で全体をふちどり、炎の中を描く。

3
オレンジで炎の中心を塗る。

いちご

型紙→P91
白（ふつう）
赤（ゆるゆる）
緑（ふつう）
黄色（ふつう）

1
白でアウトラインを描く。赤でいちごを塗る。緑で葉を描く。

2
黄色でいちごの種を描く。

数字

型紙→P91
＊アイシングは「3」のもの
白（ふつう）
ピンク（ゆるゆる）
水色（ふつう）

1
白でアウトラインを描き、ピンクまたは好みの色で全体を塗る。

2
水色または好みの色でドットを絞るなど、自由に模様を描く。

3
白で全体をふちどる。

出産

ベイビーが産まれた時のお祝いは、子供服!? おもちゃ!?
いろいろ悩むところだけれど、まずはベイビーアイテムのクッキーを
プレゼントするのはいかが? 内祝いとして贈っても喜ばれそう。

卵とひよこ

型紙→P91
白（ふつう）
黄色（ゆるめ）
茶色（かため）
水色（ゆるめ）
ピンク（ゆるめ）
黄緑（ゆるめ）

1
白でひよこと卵のアウトラインを描き、卵の内側にハートを描く。黄色でひよこと、卵のハートをいくつか塗る。

2
茶色でひよこの目と足、アウトラインを描く。

3
水色、ピンク、黄緑で卵の残りのハートを塗る。

ベビー服

型紙→P91
白（ふつう）
黄色（ゆるゆる）
茶色（かため）
薄い茶色（ゆるめ）
黒（ジェル）

1
白でアウトラインを描き、黄色で全体を塗る。

2
茶色で全体をふちどり、ボタンを描く。

3
薄い茶色でクマを描き、黒（ジェル）で顔を描く。

メッセージ

型紙→P91
白（ふつう）
水色（ゆるゆる）
茶色（かため）

1
白でアウトラインを描く。水色で全体を塗る。

2
茶色で「Boy」と描き、全体をふちどる。

木馬

型紙→P91
白（ふつう）
白（ゆるめ）
黄色（ゆるめ）
水色（ゆるめ）
茶色（かため）
ピンク（ふつう）

1
白（ふつう）でアウトラインを描き、白（ゆるめ）で木馬の胴体を塗る。黄色で下の部分を塗る。

2
水色でたてがみと尻尾、目を塗る。茶色で黄色の部分をふちどり、ドットを絞り、蹄を塗る。

3
ピンクで鞍を描き、塗る。

哺乳瓶

型紙→P91
白（ふつう）
白（ゆるゆる）
水色（ゆるめ）
茶色（かため）

1
白（ふつう）でアウトラインを描く。白（ゆるゆる）で瓶を塗る。

2
水色で口の部分を塗る。

3
茶色で全体をふちどり、目盛りを描く。

おめでとうの気持ちを込めて、
アイシングクッキーの花束を！
クッキーを焼くときに竹串を刺しておき、
アイシングを施したら、花束にまとめるだけ。
おいしくて、かわいい
おめでとうの気持ちを込めたプレゼントです。

お祝い

おめでとう

型紙→P92
白（ふつう）
ペパーミントグリーン（緑少々／ゆるゆる）
薄い紫（かため）

1
白でアウトラインを描く。ペパーミントグリーンで全体を塗る。

2
薄い紫で「おめでとう」と描く。

3
薄い紫で全体をふちどる。

フラワーA
（黄色）

型紙→P92
白（ふつう）
白（ゆるめ）
黄色（ふつう）
グレー（ジェル）
グレー（ふつう）

1
白（ふつう）でアウトラインを描く。白（ゆるめ）で全体を塗る。黄色で花びら全体をふちどる。

2
グレー（ジェル）で花びらに、一枚おきにストライプの模様を描く。

3
グレーで残りの花びらにドットと中央にぐるぐるの模様を描く。

フラワーB
（紫）

型紙→P92
紫（ふつう）
薄い紫（ゆるめ）
紫（ジェル）
黄色（ふつう）

1
紫でアウトラインを描く。薄い紫で全体を塗る。

2
紫（ジェル）で中央に花びらの陰影を描く。

3
中央に黄色でドットを絞る。

葉

型紙→P92
白（ふつう）
緑（ゆるゆる）
薄い緑（ふつう）

1
白（ふつう）でアウトラインを描く。緑で全体を塗る。

2
薄い緑で葉脈を描く。

蜂

型紙→P92
白（ふつう）
黒（ゆるめ）
黄色（ゆるめ）
スプリンクル（黄色）
白（ゆるめ）

1
白（ふつう）でアウトラインを描く。黒と黄色で胴体を塗る。

2
黄色が乾かないうちにスプリンクルをのせる。

3
白（ゆるめ）で羽を塗る。

Thank You

「この間は楽しかったね」
「おいしいおみやげ、ありがとう」
なんていう時のちょっとしたお礼に、
ありがとうの言葉と
小さなアイシングクッキーを添えて
気持ちを伝えると、いつもの100倍、
ありがとうが伝わります。

	1	2	3
謝謝 型紙→P92 白（ふつう） 白（ゆるめ） 黒（かため）	 白（ふつう）でアウトラインを描く。白（ゆるめ）で全体を塗る。	 黒で全体をふちどる。	 黒で「謝謝」と描く。
39 型紙→P92 白（ふつう） 白（ゆるめ） 黒（かため）	 白（ふつう）でアウトラインを描く。白（ゆるめ）で全体を塗る。	 黒で全体をふちどる。	 黒で「39」と描く。
Merci 型紙→P92 白（ふつう） 白（ゆるめ） 黒（かため）	 白（ふつう）でアウトラインを描く。白（ゆるめ）で全体を塗る。	 黒で全体をふちどる。	 黒で「Merci」と描く。「Gracias」や「Thank you」も同様に作る。
Woman 型紙→P92 白（ふつう） 肌色（オレンジ少々／ゆるめ） ピンク（ゆるめ） 茶色（かため）	 白でアウトラインを描く。肌色で顔を、ピンクで髪を塗る。	 茶色で全体と髪をふちどる。	 茶色で目と口を描く。
Man 型紙→P92 白（ふつう） 肌色（オレンジ少々／ゆるめ） 水色（ゆるめ） 茶色（かため）	 白でアウトラインを描く。肌色で顔を、水色で髪を塗る。	 茶色で全体と髪をふちどる。	 茶色で目と口を描く。

39 Burger Set

Thank Youといえば、39（サンキュー）。
39といえば、ハンバーガーのセットを
思い出す人も多いのではないでしょうか!?
ありがとうの気持ちを、
お茶目なあの人に贈るときは、
このくらい洒落がきいたものをぜひ！

バンズ

型紙→P92
白（ふつう）
薄い茶色（ゆるゆる）
白（かため）

1

白（ふつう）でアウトラインを描く。薄い茶色で全体を塗る。

2

白（かため）で小さなドットを絞り、ゴマに見立てる。

目玉焼き

型紙→P92
白（ふつう）
白（ゆるゆる）
薄い黄色（ふつう）
黄色（ゆるめ）

1

白（ふつう）でアウトラインを描く。白（ゆるゆる）で全体を塗る。

2

薄い黄色で卵のアウトラインを描く。

3

黄色でたっぷり、厚めに黄味の部分を塗る。

ピクルス

型紙→P92
緑（ふつう）
薄い緑（緑＋白で混ぜきらず、マーブル状にする／ゆるめ）
白（ふつう）

1

緑でアウトラインを描く。

2

薄い緑できゅうりを塗る。

3

乾かないうちに白でドットを絞り、種に見立てる。

トマト

型紙→P92
白（ふつう）
赤（ゆるゆる）
赤（ふつう）
薄い赤（ゆるめ）
黄色（ゆるめ）
黄色（かため）

1

白でアウトラインを描く。赤（ゆるゆる）で全体を塗る。赤（ふつう）でくぼみのアウトラインを描く。

2

くぼみ部分を残して、薄い赤でまわりをこんもりと塗る。白で線を描き、つやに見立てる。

3

黄色（ゆるめ）を中央にのせ、楊枝で引っかいて表情をつける。黄色（かため）で中央にドットをしぼり、種に見立てる。

ベーコン

型紙→P92
白（ふつう）
濃いピンク（ゆるゆる）
白（ゆるめ）

1

白でアウトラインを描く。濃いピンクで全体を塗る。

2

乾かないうちに白で横3本の線を絞り、楊枝で引っかいて脂肪のような質感を出す。

パティ

型紙→P92
白（ふつう）
濃い茶色（ゆるめ）
赤（ゆるめ）

1
白でアウトラインを描く。濃い茶色で全体を塗る。

2
やや乾いてきたら楊枝で引っかき、パティの質感を出す。

3
赤でケチャップのような線を絞る。

レタス

型紙→P92
緑（ふつう）
緑（ゆるゆる）
白（ゆるゆる）

1
緑（ふつう）でアウトラインを描く。

2
緑（ゆるゆる）と白（ゆるゆる）を軽く混ぜて中央に落とし、スプーンの背で広げてマーブル状に仕上げる。

チーズ

型紙→P92
白（ふつう）
黄色（ゆるゆる）

1
白でアウトラインを描く。黄色で全体を塗る。チーズの穴はご自由に。

ポテト

型紙→P92
白（ふつう）
黄色（ゆるめ）

1
白でアウトラインを描く。黄色で全体を塗る。

チキン

型紙→P92
白（ふつう）
白（ゆるめ）
薄い茶色（ゆるめ）
コーンフレーク

1
白（ふつう）でアウトラインを描く。白（ゆるめ）で骨の部分を塗る。

2
薄い茶色でチキンの部分を塗る。

3
乾かないうちにコーンフレークを崩してチキンの上に落とし、少し差し込むようにして質感を出す。

アイシングクッキーの型紙

この型紙は好きな大きさにコピーしてお使いください。
赤線は最初に引くアウトラインを表しています。
作り方ページを見ながら色をつけるもよし、好きな色にするもよし。
とにかく、作る、食べる時間を楽しんでくださいね〜。

> Spring 扉（P14〜15）

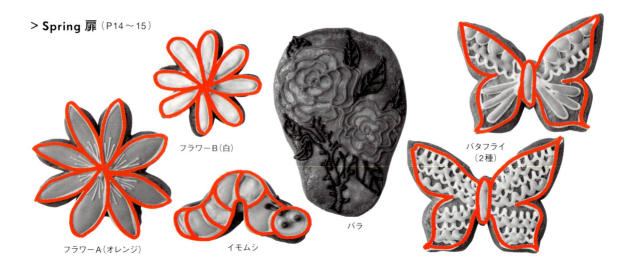

> Girls Day（P16〜19）

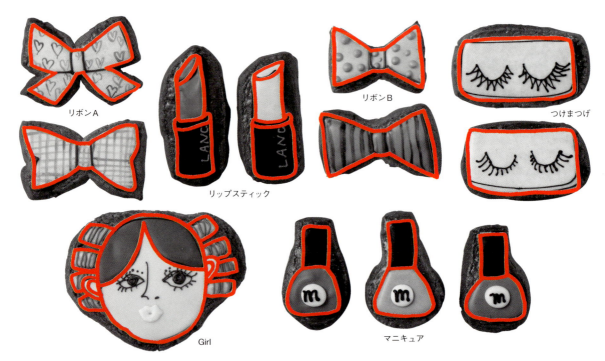

> **Health Day**（P20〜21）

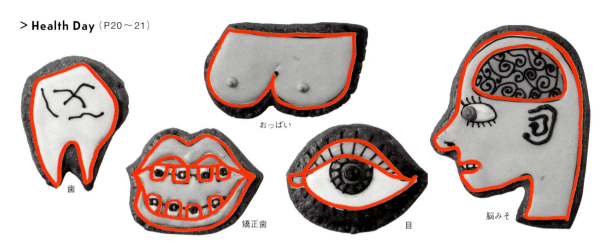

歯　　おっぱい　　矯正歯　　目　　脳みそ

> **Kids Day**（P22〜23）

ショベルカー　　クルマ　　ステゴサウルス　　ティラノサウルス　　積み木

> **June Bride**（P24〜25）

指輪　　LOVE　　ウェディングケーキ　　ハト　　アダムとイブ

> **Summer 扉 & Summer Vacation**（P28〜31）

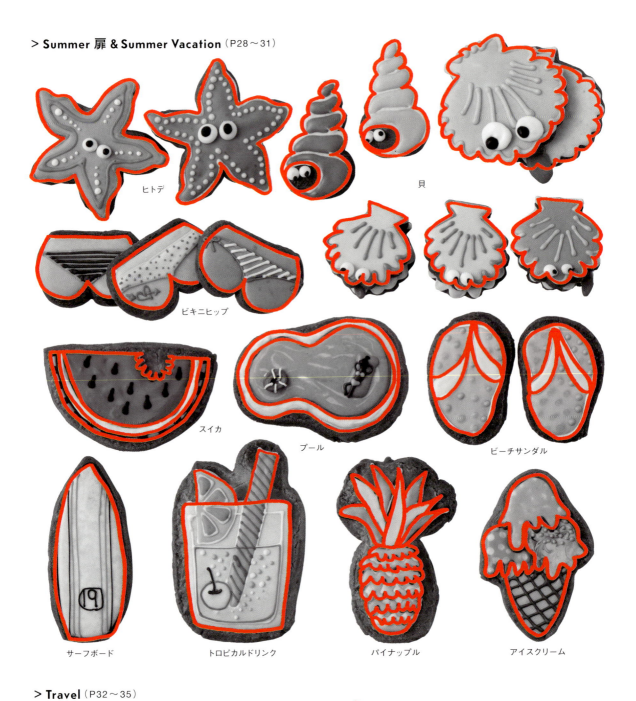

> **Travel**（P32〜35）

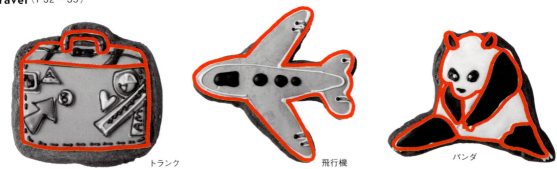

> **Autumn 扉 & Halloween**（P36〜41）

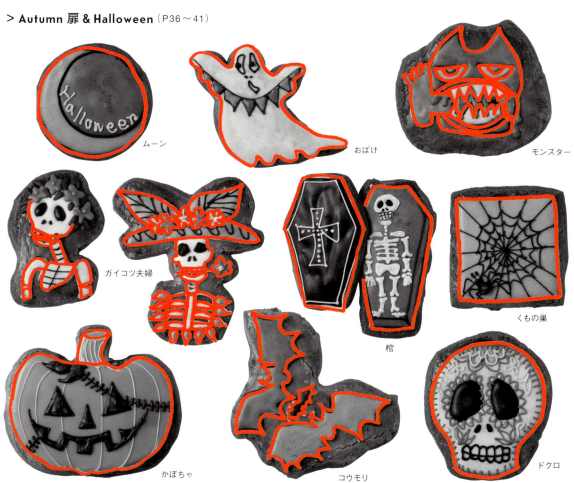

> **Circus**
（P42〜P45）

星　　テント　　ピエロ
ポップコーン　　芸する象　　団長　　バルーン

> **Art**（P46〜47）

絵画A　　絵画C　　チケット　　絵画D
絵画B

> **Music**
（P48〜49）

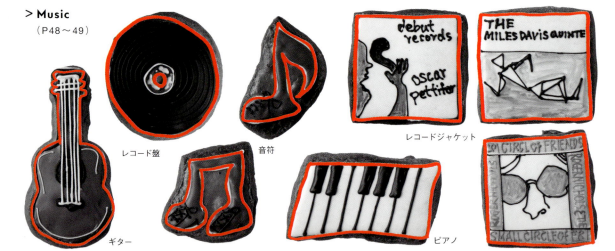

ギター　　レコード盤　　音符　　レコードジャケット
ピアノ

88

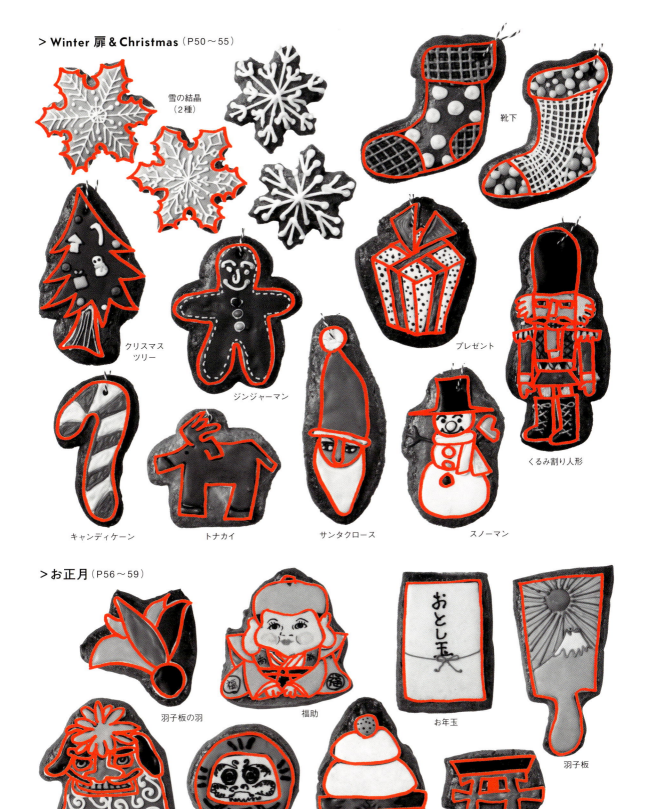

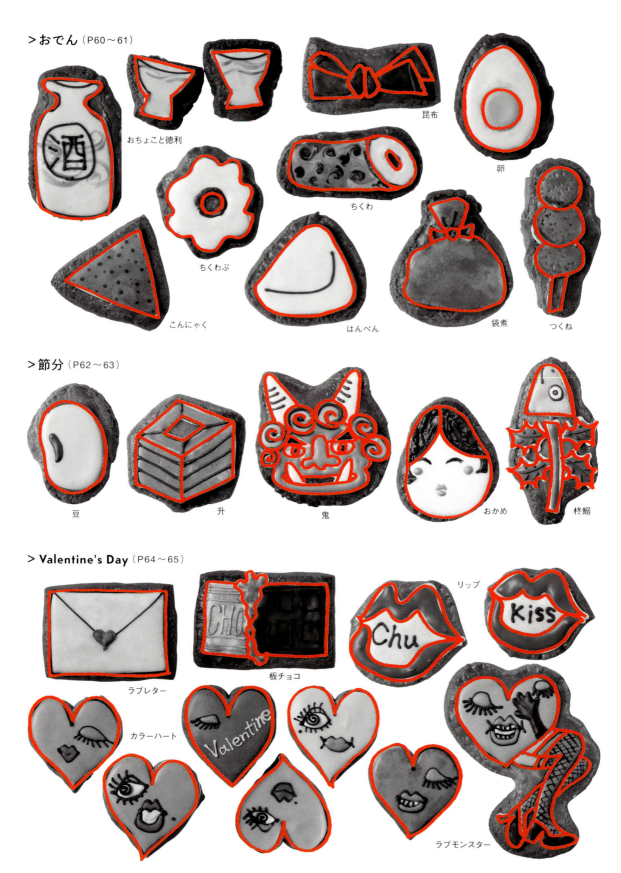

> Congratulations／Thank you 扉 & Birthday（P66〜73）

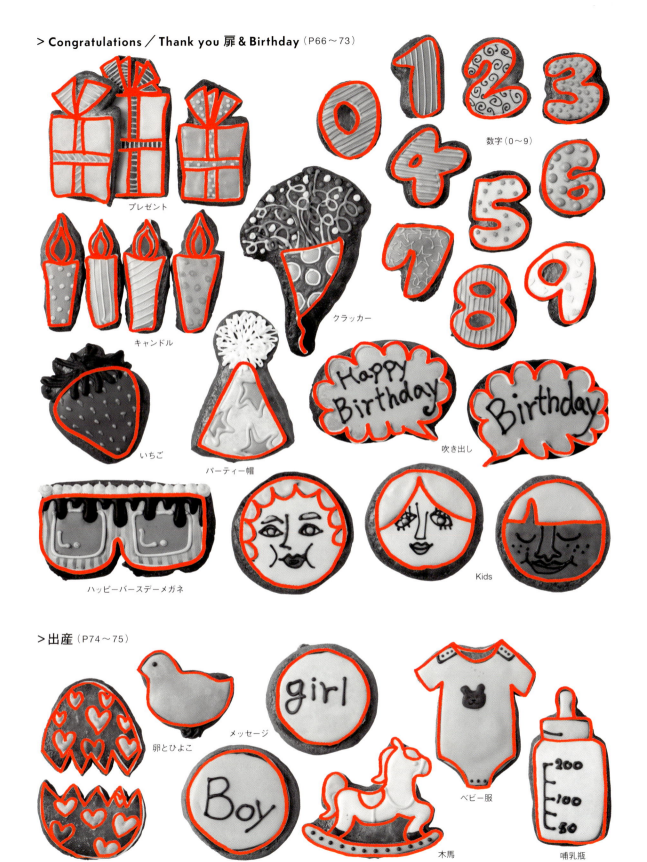

>出産（P74〜75）

> お祝い
（P76〜77）

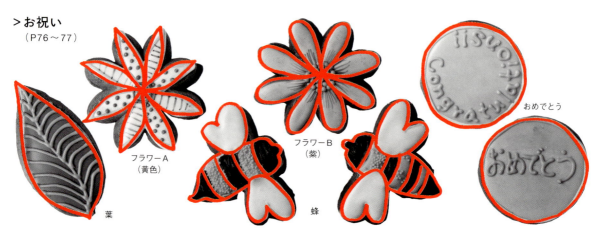

> Thank you
（P78〜79）

> 39 Burger Set（P80〜83）

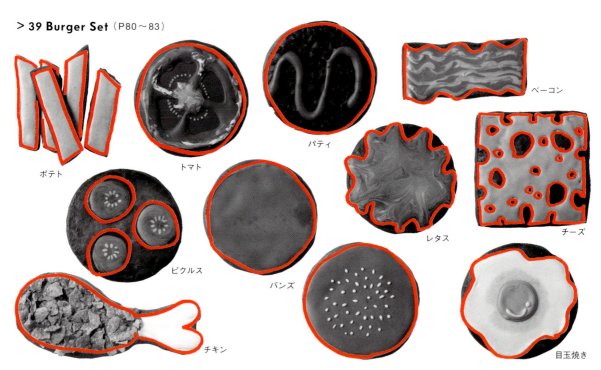

「いつか本を作りたい」そんな夢を形にしてくれた編集の赤澤かおりさん、いつも私を応援してくれる家族、初めての本づくりで戸惑うことが多いなか、プロの仕事で助けてくれたカメラマンの公文美和さん、スタイリストの池水陽子さん、そして編集の久保万紀恵さん。本当にありがとうございました。たくさんの皆さんにLoveを贈りたいです。この本を手にとってくれた皆さん、楽しくて奥深いアイシングクッキーの世界へようこそ（笑）！ぜひ、自分だけのワールドを開花させちゃってくださ〜い。

Mio

95

Mio

神奈川県鎌倉市にて、オーダー制の焼き菓子屋「鎌倉ハナクルス」を主宰。見た目のかわいさはもちろん、何より食べておいしいにこだわる、アイシングクッキーや季節のフレッシュな果物を使ったタルトが人気。鎌倉のデリカテッセン「LONG TRACK FOODS」ではスイーツのレシピと製作を担当する。また、ファッションや出版のイベントの現場などでもケータリングスイーツを展開。ポップでキュートな見た目とおいしいさにファン急増中。

撮影	公文美和
スタイリング	池水陽子
デザイン	漆原悠一、松本千紘（tento）
編集	赤澤かおり
モデル	Leon
協力	兵藤沙羅

はじめてでもかんたん、おいしい！
ハッピーな気持ちを贈るアイシングクッキー

NDC596

2018年10月17日　発　行

著　者	Mio（みお）
発行者	小川雄一
発行所	株式会社誠文堂新光社 〒113-0033 東京都文京区本郷3-3-11 〈編集〉電話：03-5800-3614 〈販売〉電話：03-5800-5780 http://www.seibundo-shinkosha.net/
印刷所	株式会社大熊整美堂
製本所	和光堂株式会社

©2018, Mio.
Printed in Japan

検印省略
禁・無断転載
落丁・乱丁本はお取り替えいたします。

本書に掲載された記事の著作権は著者に帰属します。
これらを無断で使用し、展示・販売・レンタル・講習会等を行うことを禁じます。

本書のコピー、スキャン、デジタル化等の無断複製は、
著作権法上での例外を除き、禁じられています。
本書を代行業者等の第三者に依頼してスキャンやデジタル化することは、
たとえ個人や家庭内での利用であっても著作権法上認められません。

JCOPY　〈(社)出版者著作権管理機構 委託出版物〉
本書を無断で複製複写（コピー）することは、著作権法上での例外を除き、禁じられています。本書をコピーされる場合は、そのつど事前に、(社)出版者著作権管理機構（電話 03-3513-6969／FAX 03-3513-6979／e-mail : info@jcopy.or.jp）の許諾を得てください。

ISBN978-4-416-61881-3